La formación de un nuevo GOBIERNO

Stephanie Paris

Asesores

Katie Blomquist, Ed.S.
Escuelas Públicas del Condado de Fairfax

Nicholas Baker, Ed.D.
Supervisor de currículo e instrucción
Distrito Escolar Colonial, DE

Créditos de publicación:
Rachelle Cracchiolo, M.S.Ed., *Editora comercial*
Conni Medina, M.A.Ed., *Redactora jefa*
Emily R. Smith, M.A.Ed., *Realizadora de la serie*
Diana Kenney, M.A.Ed., NBCT, *Directora de contenido*
Caroline Gasca, M.S.Ed., *Editora superior*
Johnson Nguyen, *Diseñador multimedia*
Torrey Maloof, *Editora*
Sam Morales, M.A., *Editor asociado*
Jill Malcolm, *Diseñadora gráfica básica*

Créditos de imágenes: portada, pág.1 LOC [LC-USZC4-9904]; págs.2–3 U.S. Capitol/Dominio público; pág.5 Hulton Archive/Getty Images; págs.6, 7, 8, 9, 12, 15, 16, 21, 22, 23, 24 North Wind Picture Archives; págs.6, 26, 27 Wikimedia Commons/Dominio público; págs.8, 9, 15 Collections of the Massachusetts Historical Society; págs.11, 20, 26 Granger, NYC; pág.13 LOC [LC-USZC4-9904]; pág.14 Interim Archives/Getty Images; pág.20 GL Archive/Alamy; pág.24 NARA [3535588]; pág.25 LOC [LC-USZ62-117226]; pág.28 (frente) COLUMBIA PICTURES CORPORATION/Album/Newscom, (fondo) LOC [LC-USZC4-9904]; pág.31 American Treasures of the Library of Congress; todas las demás imágenes cortesía de iStock y/o Shutterstock.

Library of Congress Cataloging-in-Publication Data

Names: Paris, Stephanie Herweck, author.
Title: La formación de un nuevo gobierno / Stephanie Paris.
Other titles: Forming a new government. Spanish.
Description: Huntington Beach, CA : Teacher Created Materials, 2020. | Audience: Grades 4 to 6.
Identifiers: LCCN 2019014772 (print) | LCCN 2019022340 (ebook) | ISBN 9780743913645 (pbk.)
Subjects: LCSH: United States--Politics and government--1775-1783--Juvenile literature. | United States--History--Revolution, 1775-1783--Juvenile literature.
Classification: LCC E210 .P3718 2020 (print) | LCC E210 (ebook) | DDC 973.3--dc23

Teacher Created Materials

5301 Oceanus Drive
Huntington Beach, CA 92649-1030
www.tcmpub.com

ISBN 978-0-7439-1364-5

© 2020 Teacher Created Materials, Inc.
Printed in China
Nordica.102019.CA21901929

Contenido

Hacer algo nuevo 4

Miles de opiniones 6

Declarar la independencia 8

Primer intento de un nuevo gobierno 14

La Constitución de Estados Unidos 18

Hasta ahora, todo bien 26

¡Presenta una obra! 28

Glosario 30

Índice 31

¡Tu turno! 32

Hacer algo nuevo

Imagina que estás en una sala grande. Hace calor y el aire está sofocante. Las moscas zumban por todas partes. Todos están incómodos y un poco malhumorados. Te has reunido con un grupo de personas de toda la región. Tu trabajo es buscar la manera de formar un nuevo gobierno. ¿Cómo lo harás? ¿Qué cosas son importantes para ti? ¿Y si no estás de acuerdo con la opinión de otras personas que están reunidas allí? ¿Te mantendrás firme en tus ideas? ¿Aceptarás llegar a un **acuerdo**? ¿Qué harás si no te llevas bien con los demás?

Esta es una de las salas donde se reunieron los **delegados**.

Los delegados se reunieron en el Independence Hall (Salón de la Independencia), en Filadelfia.

Esa era la situación cuando los **representantes** de las **colonias** norteamericanas se reunieron a fines del siglo XVIII. Necesitaban formar un nuevo gobierno. Pero cada uno de los presentes tenía sus propias ideas sobre lo que eso significaba. En esos tiempos, a las mujeres no se les permitía participar en el gobierno. Solo había hombres en la sala. Se llamaban delegados. Las reuniones se conocieron como el **Congreso Continental**. Al finalizar la última reunión, habría un nuevo gobierno. Pero ¿quiénes eran los que estaban allí? ¿Cómo decidieron qué hacer?

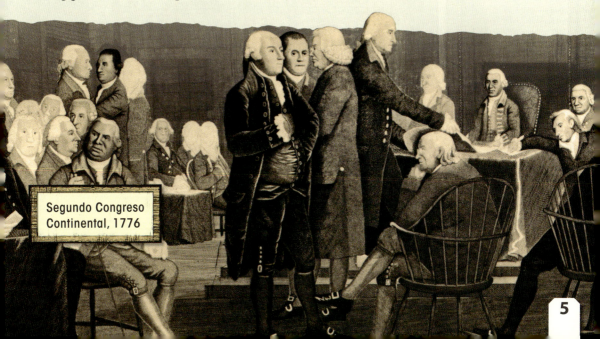

Segundo Congreso Continental, 1776

Miles de opiniones

En 1774, las colonias norteamericanas y Gran Bretaña estaban enfrentadas. El rey Jorge III pensaba que las colonias eran desagradecidas. Era muy estricto con las colonias. Pensaba que eso les haría obedecer las reglas. Pero muchos colonos sintieron que los trataban injustamente.

El rey no tiene dudas

El rey Jorge III le envió una carta en 1775 a lord Sandwich. (Sí, el sándwich lleva su nombre). Escribió: "Soy de la opinión de que, una vez que estos rebeldes hayan sentido un golpe bien dado, cederán; y ninguna situación cambiará mi firme resolución [...]".

rey Jorge III

lord Sandwich

Había miles de ideas sobre lo que se debía hacer. Los colonos organizaron una gran reunión. Todas las colonias, excepto Georgia, enviaron delegados. Georgia no quería irritar a los británicos. Esa reunión se llamó el Primer Congreso Continental. Los delegados hablaron. Discutieron. Votaron ideas. Pero era difícil decidir. Algunos querían hablar más con los británicos. Otros estaban listos para luchar. Finalmente, decidieron dejar de comerciar con Gran Bretaña hasta que el país los tratara mejor. También pidieron a cada colonia que formara una **milicia** para ayudar a proteger a su pueblo.

Un año después, las cosas estaban aún peor. Se habían librado batallas contra las tropas británicas en los pueblos de Lexington y Concord. El Congreso Continental se reunió otra vez. Muchos delegados seguían pensando que no deseaban la guerra. Enviaron una carta al rey. La carta decía que podían evitar una guerra si el rey los trataba de manera justa. Pero el rey nunca respondió.

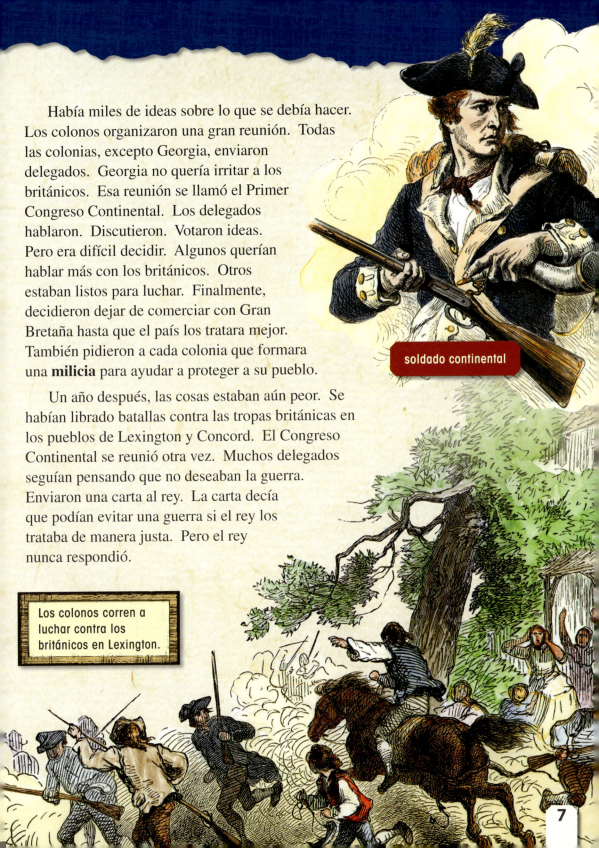

soldado continental

Los colonos corren a luchar contra los británicos en Lexington.

Declarar la independencia

Los delegados hablaron y discutieron más. Algunos querían convertirse en un país **independiente**. Otros querían seguir siendo parte de Gran Bretaña.

John Adams era uno de los delegados que querían formar un nuevo país. Adams era un abogado de baja estatura y muy instruido. Era un hombre sincero que se aferraba mucho a sus opiniones e ideas. No tenía paciencia con las personas que consideraba que no eran inteligentes. Sabemos más sobre Adams que sobre muchos de los otros Padres Fundadores. Adams tuvo que viajar mucho. Por lo tanto, le escribió a su esposa, Abigail, gran cantidad de cartas. Las cartas nos brindan mucha información sobre Adams en sus propias palabras. En una carta, escribió: "La libertad, una vez que se pierde, se pierde para siempre". Adams trabajó mucho para obtener apoyo en favor de su idea de independizarse de Gran Bretaña.

John Adams

En junio de 1776, se hizo una votación. El Congreso decidió declarar la independencia. Crearían un nuevo país. Lo primero que necesitaban era una carta que explicara su decisión. Eso los ayudaría a obtener apoyo. Pero ¿qué debería decir la carta? Y ¿quién la escribiría?

Abigail Adams

Palabras cariñosas

Cuando John y Abigail Adams se escribían cartas, a menudo usaban apodos para nombrarse. Él solía llamarla "Señorita Encantadora". Abigail lo llamaba "Mi más querido Amigo".

cartas de John y Abigail Adams

Escogieron a un grupo pequeño para redactar la Declaración de Independencia. John Adams estaba en el grupo. También estaban Benjamin Franklin y Thomas Jefferson. Se decidió que Jefferson fuera el autor principal. Jefferson era alto y callado. Era un hombre elegante. No le gustaba hablar, pero era un muy buen escritor.

Tres razones

John Adams hizo una lista de tres razones por las que Jefferson debía ser el autor principal:

- Razón primera: eres oriundo de Virginia, y un virginiano tiene que estar a la cabeza de este asunto.
- Razón segunda: yo soy odioso, cuestionable e impopular. Tú eres todo lo contrario.
- Razón tercera: escribes diez veces mejor que yo.

John Adams

Benjamin Franklin

Thomas Jefferson

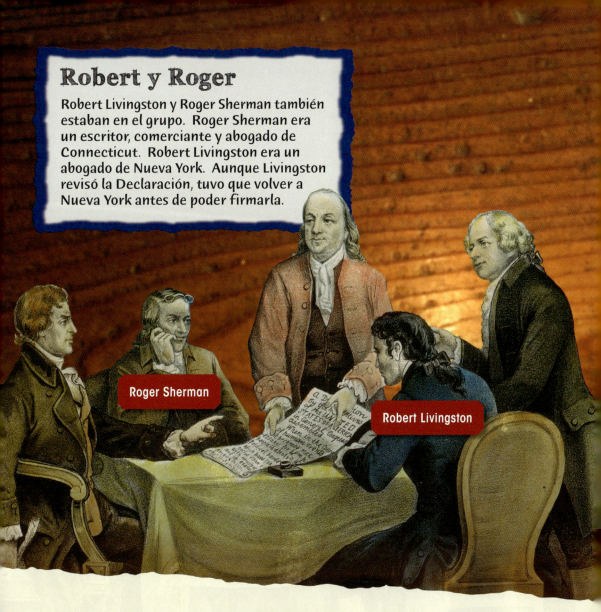

Robert y Roger

Robert Livingston y Roger Sherman también estaban en el grupo. Roger Sherman era un escritor, comerciante y abogado de Connecticut. Robert Livingston era un abogado de Nueva York. Aunque Livingston revisó la Declaración, tuvo que volver a Nueva York antes de poder firmarla.

Jefferson, además, era de Virginia. Eso era importante. Las colonias del Norte y del Sur tenían ideas diferentes. Virginia estaba en el medio, pero era parte del Sur. Eso significaba que las personas del Sur probablemente estarían de acuerdo con lo que Jefferson escribiera. El resto del grupo leería lo que él había escrito y haría sugerencias. Cuando terminaran, presentarían la Declaración al Congreso. Los delegados podrían sugerir cambios antes de votar para aprobarla.

Al igual que Adams, Jefferson escribió muchas cartas. Jefferson y Adams eran hombres muy diferentes. Muchas veces no se ponían de acuerdo. A veces eran rivales. Pero, a pesar de todo, eran buenos amigos. Se escribieron muchas cartas. Debatían ideas y hablaban de sus vidas.

Benjamin Franklin tenía 70 años en 1776. Franklin era inventor y escritor. Era filósofo y científico. También era **diplomático**. Había estado en Europa. El Congreso necesitaba sus destrezas diplomáticas. También necesitaban su fama. Cuando Franklin hablaba, las personas prestaban atención. Franklin sabía ayudar a la gente a trabajar en equipo. También era gracioso. Hacía bromas para aflojar tensiones. Firmar la Declaración era peligroso. Quienes firmaban estaban cometiendo el delito de **traición**. Podían sentenciarlos a muerte. Un delegado llamado John Hancock dijo que todos debían "mantenerse unidos". Benjamin Franklin sonrió y dijo: "Sí, ciertamente debemos mantenernos todos unidos, o con seguridad van a colgarnos a todos por separado".

Benjamin Franklin

Benjamin Franklin visita Francia como diplomático.

Los delegados no firmaron de inmediato. Hubo muchas discusiones. La mayor discusión fue por la esclavitud. Jefferson había escrito que el rey Jorge III "libraba una cruel guerra contra la misma naturaleza humana" al esclavizar africanos. Pero muchos de los delegados tenían esclavos. El mismo Jefferson tenía esclavos. Quitaron esa parte del borrador. Finalmente, todos firmaron el documento.

Un cambio importante

En el primer borrador de la Declaración, Jefferson escribió: "Sostenemos como sagradas e innegables estas verdades". Benjamin Franklin lo cambió. Escribió: "Sostenemos como evidentes estas verdades". Quería que la Declaración estuviera basada en la razón.

Primer intento de un nuevo gobierno

Al firmar la Declaración, los colonos dijeron que ya no eran parte de Gran Bretaña. Formaron un país nuevo llamado Estados Unidos de América. Pero Gran Bretaña sostenía que seguían siendo colonias británicas. Por lo tanto, ambos países se enfrentaron en la Revolución estadounidense. Finalmente, los estadounidenses triunfaron. Pero necesitaban un nuevo gobierno.

Los británicos se rinden ante el general Washington en 1781.

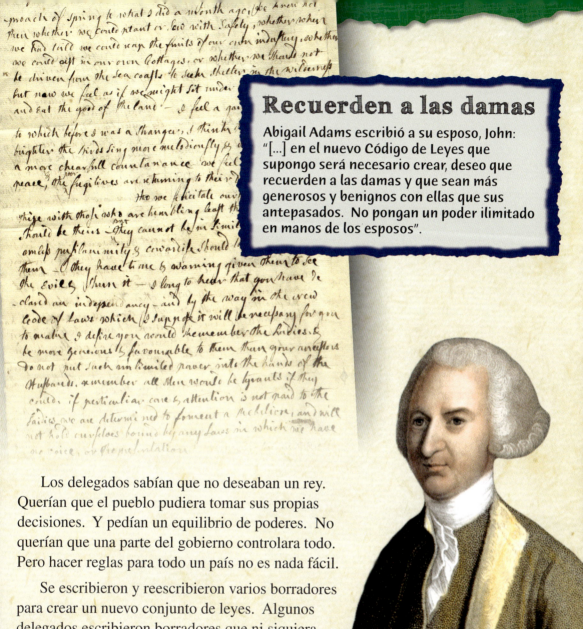

Recuerden a las damas

Abigail Adams escribió a su esposo, John: "[...] en el nuevo Código de Leyes que supongo será necesario crear, deseo que recuerden a las damas y que sean más generosos y benignos con ellas que sus antepasados. No pongan un poder ilimitado en manos de los esposos".

John Dickinson

Los delegados sabían que no deseaban un rey. Querían que el pueblo pudiera tomar sus propias decisiones. Y pedían un equilibrio de poderes. No querían que una parte del gobierno controlara todo. Pero hacer reglas para todo un país no es nada fácil.

Se escribieron y reescribieron varios borradores para crear un nuevo conjunto de leyes. Algunos delegados escribieron borradores que ni siquiera se tuvieron en cuenta. Un delegado llamado John Dickinson escribió un borrador sobre la función del gobierno central y de los estados. El borrador se tomó en cuenta, pero era difícil lograr que todos estuvieran de acuerdo.

Los delegados debían decidir qué forma tendría el nuevo gobierno. Querían asegurarse de que los estados mantuvieran buena parte del poder. Los estados ya tenían sus propios gobiernos. Aun así, necesitaban un conjunto de leyes para saber cómo iban a interactuar. Querían un nuevo documento que explicara las funciones que tendría el gobierno central. Había muchas cosas para tener en cuenta. ¿Cuántos votos tendría cada estado en el Congreso? ¿Deberían tener tribunales? ¿Debería haber impuestos? Cada uno de estos temas se comentó y se debatió. Las personas tenían miedo de tener un gobierno central fuerte. Les preocupaba que fuera muy parecido al control británico.

Patrick Henry

Patrick Henry

A Patrick Henry le preocupaba que un gobierno central fuerte actuara en contra de la voluntad del pueblo. Dijo: "Las libertades de un pueblo nunca estuvieron, y nunca estarán, garantizadas si las acciones de sus gobernantes pueden permanecer ocultas a sus ojos".

Al final, se redactaron los Artículos de la **Confederación**. Era la tercera versión del borrador de Dickinson. Desde luego, ese documento no se firmó de inmediato. Se debatió en el Congreso. Finalmente, en 1781 fue aceptado.

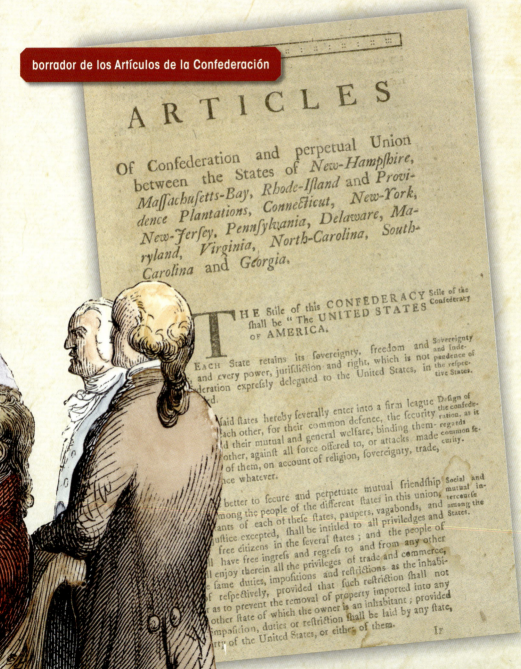

borrador de los Artículos de la Confederación

La Constitución de Estados Unidos

Imagina que tienes un gran proyecto en el que has estado trabajando durante mucho tiempo. Luego, a mitad de camino, te das cuenta de que no funciona como tú necesitas que funcione. Tienes que empezar otra vez. Eso es lo que les sucedió a los Padres Fundadores después de crear los Artículos de la Confederación. El nuevo gobierno no funcionó muy bien. El gobierno central era demasiado débil. No podía recaudar impuestos ni formar un ejército. Ni siquiera podía hacer leyes. En 1787, estaba claro para casi todos que se necesitaba algo nuevo.

Los delegados se reúnen para modificar los Artículos.

Durante el verano de 1787, los delegados se reunieron a puertas cerradas. El debate era intenso. Y el calor también. Muchos temas tuvieron que volver a revisarse y surgieron otros nuevos. ¿Cuánto poder debía tener el gobierno central? ¿Qué debían pagar los estados? ¿Qué debía pagar el gobierno central? ¿Los representantes serían elegidos directamente por el pueblo? ¿O debían elegirlos los **legisladores** de cada estado? ¿Cuántos representantes debía tener cada estado? Esta última cuestión resultó ser la más difícil de resolver. Una vez que se tomaron todas las decisiones, se creó un nuevo documento.

Alexander Hamilton

Alexander Hamilton fue el único delegado de Nueva York que firmó la **Constitución**. También escribió una serie de artículos y ensayos llamados *The Federalist Papers* para ayudar a las personas a entender la Constitución. Eso ayudó a que la Constitución fuera ratificada, o aprobada, por los estados para poder convertirse en ley.

El acuerdo de Connecticut

El nuevo documento se llamaría la Constitución de Estados Unidos. Una constitución es un plan escrito de gobierno. James Madison escribió la mayor parte. Madison era virginiano, como Jefferson. Así que tanto las personas del Norte como las del Sur lo escuchaban. Era agricultor y abogado. También tenía muchos conocimientos sobre varias materias. Leía y escribía sobre historia y derecho. Ya había ayudado a redactar la constitución de Virginia.

La Constitución se firmó en el Independence Hall, en Filadelfia.

James Madison

James Madison a menudo era conocido como "el padre de la Constitución", pero él no estaba de acuerdo. Decía que la Constitución no era "hija de un único cerebro". Era, decía: "obra de muchas cabezas y muchas manos".

Los delegados se reúnen en la Convención Constitucional para planificar un nuevo gobierno.

Aún quedaban muchas cosas por decidir. Un problema era cómo elegir a los representantes. Los delegados de los estados grandes, como Virginia, querían elegir según la cantidad de personas que vivían en cada estado. De ese modo, tendrían más poder. Pero los líderes de los estados pequeños, como Nueva Jersey, querían que cada estado tuviera el mismo número de representantes. Los delegados de Connecticut propusieron un acuerdo. Dividieron al grupo de representantes, o Congreso, en dos partes. El Senado tendría dos personas de cada estado. El número de miembros de la Cámara de Representantes se basaría en la población. De este modo, los estados que tuvieran más habitantes tendrían más representantes en la Cámara. Tanto los estados grandes como los pequeños aceptaron el plan. Pero había un problema.

Esclavos recogen algodón en el Sur.

Una lógica extraña

Suena un poco extraño, pero ni siquiera los que estaban en contra de la esclavitud querían que los esclavos se contaran como personas para calcular la cantidad de representantes. Temían que eso les diera una razón más a los esclavistas para traer más esclavos al país.

El Acuerdo de los Tres Quintos

El plan requería que los estados contaran cuántos habitantes tenían. Pero los estados del Sur tenían muchos esclavos. Querían que los esclavos se contaran como habitantes. Eso les daría más representantes en la Cámara. Pero los estados del Norte no estaban de acuerdo. Pensaban que se debía considerar a los esclavos como propiedad. Después de todo, no tenían derechos y no podían votar. Al final, llegaron a un acuerdo. Se contaría a cada esclavo como tres quintos de una persona.

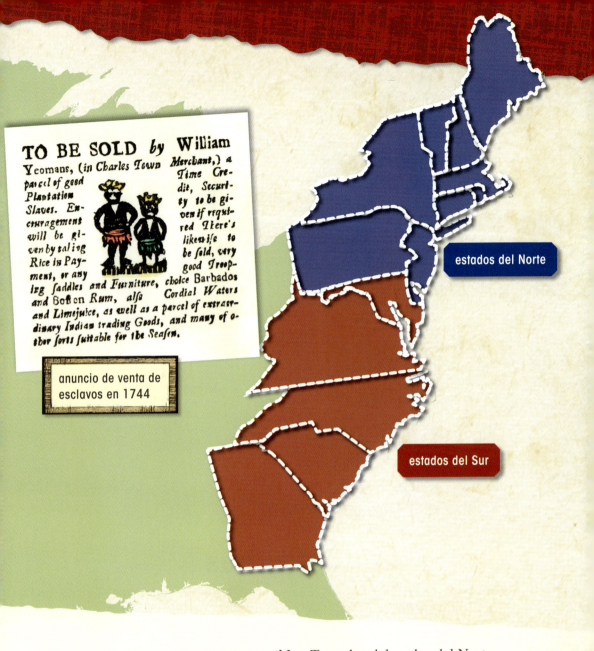

anuncio de venta de esclavos en 1744

estados del Norte

estados del Sur

La esclavitud era un tema **controvertido**. Tanto los delegados del Norte como los del Sur tenían esclavos. Pero muchos, especialmente en el Norte, opinaban que la esclavitud debía ser ilegal. Sin embargo, sabían que los estados del Sur no firmarían el documento si prohibían la esclavitud. Para calmar a los estados del Sur, se llegó a otro acuerdo. El gobierno no podría prohibir el comercio de esclavos hasta 1808. Y los estados tenían la obligación de devolver los esclavos fugitivos a sus dueños.

borrador de la Carta de Derechos

George Mason

La Carta de Derechos

Cuando los estados fijaron sus reglas, trabajaron sobre muchos de los mismos temas que trató el Congreso Continental. Un delegado llamado George Mason escribió la constitución de Virginia. En ella, se aseguró de que el pueblo fuera parte del gobierno. El pueblo tenía que cumplir las leyes. Pero también tenía derechos que el gobierno no podía quitarle. Al principio, la Constitución de Estados Unidos no tenía una lista de derechos. La Declaración hablaba sobre los derechos de las personas. Pero la Constitución solamente tenía reglas sobre cómo debía funcionar el gobierno. Muchos pensaban que eso era un problema. George Mason y otros se opusieron a eso. Mason se negó a firmar la Constitución. No quería un gobierno que no tuviera derechos para su pueblo.

Se han realizado **27 enmiendas** a la Constitución hasta ahora.

La Decimotercera Enmienda abolió la esclavitud.

La Decimoquinta Enmienda permitió votar a personas de todas las razas.

La Decimonovena Enmienda permitió votar a las mujeres.

James Madison propuso una lista de derechos. Se basaba en la lista de la constitución de Virginia. Los otros delegados estuvieron de acuerdo. Cuando se reunió el primer Congreso de Estados Unidos, se agregaron 10 derechos. La Carta de Derechos se convirtió en las primeras 10 enmiendas a la Constitución.

Hasta ahora, todo bien

Cuando Estados Unidos declaró su independencia, el mundo estaba mirando. Era algo nuevo. ¿Funcionaría ese nuevo país? ¿Podía durar un país sin rey? ¿Podría un líder entregar el poder a otro sin pelear?

George Washington fue el primer presidente. En 1797, le entregó el poder a John Adams. Todos estaban sorprendidos. No hubo peleas. Las personas habían votado. Los líderes habían cambiado. Era así de simple. Y así ha sido por más de 200 años. Se celebran elecciones. Un líder se va y otro lo reemplaza. A veces, el presidente que se va no está de acuerdo con el nuevo presidente que el pueblo ha elegido. Pero el sistema sigue funcionando.

George Washington

George Washington se convierte en el primer presidente de Estados Unidos en 1789.

Otros países han decidido probar este tipo de gobierno a lo largo de la historia. Francia fue el primero. Pero no fue el único. Hoy en día, hay alrededor de 193 países en el mundo. Más de 120 eligen a sus líderes. Lo que comenzó como un experimento se convirtió en un ejemplo. Este nuevo tipo de gobierno funcionó, después de todo.

Thomas Jefferson

Autogobierno

"Somos un pueblo capaz de autogobernarse, y somos dignos de eso".
—Thomas Jefferson, 1807

¡Presenta una obra!

Se han hecho muchas películas, programas de televisión e incluso musicales sobre el nacimiento de Estados Unidos. ¡A las personas les encanta ver esta historia inspiradora!

Escribe tu propio guion de teatro leído sobre la fundación de Estados Unidos y las personas que escribieron los documentos fundacionales. Incluye los personajes clave. Hazlos hablar sobre los temas que trataron los delegados. Cuando termines, elige tu elenco. Ensaya tu guion. Luego, representa tu obra de teatro leído frente a la clase. ¡Y recuerda divertirte también!

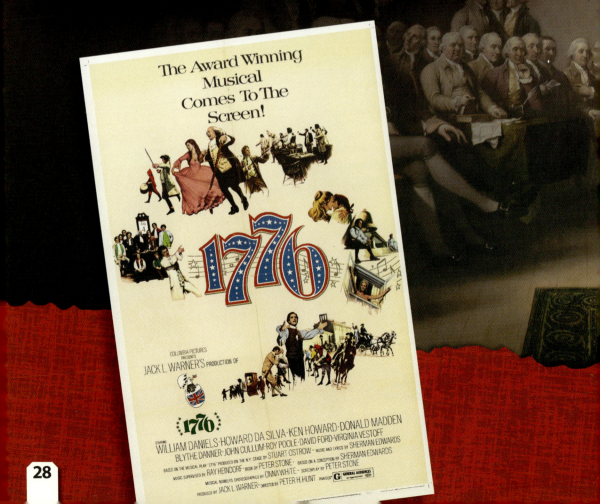

Glosario

acuerdo: una decisión que toman dos o más personas en conjunto, dejando de lado sus diferencias

colonias: áreas gobernadas por un país lejano

confederación: un gobierno formado por varios estados en el que esos estados mantienen mucho poder para gobernarse

Congreso Continental: una reunión de delegados de las colonias para decidir cómo tratar con Gran Bretaña y qué leyes aprobar

constitución: un sistema de creencias, leyes y principios por los cuales se gobierna un país o un estado

controvertido: algo que es objeto de discusión

delegados: personas elegidas para hablar en nombre de cada una de las colonias en el Congreso Continental

diplomático: una persona que representa al gobierno de su país mientras está en otro país

enmiendas: cambios en el texto o en el significado de una ley o un documento

independiente: que no está controlado o gobernado por otro país

legisladores: personas que hacen las leyes

milicia: ciudadanos comunes entrenados en el combate militar y dispuestos a luchar y defender a su país

representantes: personas que actúan o hablan en nombre de otras personas u otros grupos

traición: el delito de intentar derrocar al gobierno del propio país o de ayudar al enemigo del propio país durante una guerra

Índice

Acuerdo de Connecticut, 20–21

Acuerdo de los Tres Quintos, 22

Adams, Abigail, 8–9, 15

Adams, John, 8–11, 15, 26

Artículos de la Confederación, 17–18

Carta de Derechos, 24–25, 32

Concord, 7

Constitución de Estados Unidos, 18–20, 24–25

Declaración de Independencia, 10–14, 24

Dickinson, John, 15, 17

Franklin, Benjamin, 10, 12–13

Gran Bretaña, 6–8, 14

Henry, Patrick, 16

Jefferson, Thomas, 10–11, 13, 20, 27

Lexington, 7

Livingston, Robert, 11

Madison, James, 20, 25

Mason, George, 24

Revolución estadounidense, 14

rey Jorge III, 6–7, 13

Sandwich, lord, 6

Sherman, Roger, 11

Virginia, 11, 20–21, 24–25

Washington, George, 26

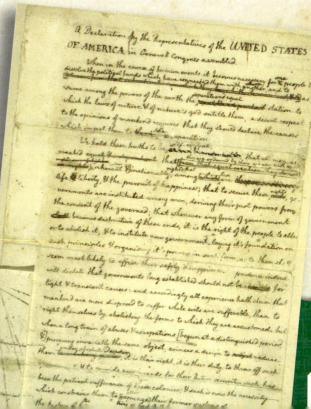

¡Tu turno!

Libertad de expresión

La Carta de Derechos enumera los derechos básicos que tienen todos los estadounidenses. La Primera Enmienda protege varios derechos. Entre otras cosas, protege la libertad de expresión. Esto significa que las personas pueden decir lo que piensan sin ser castigadas. Incluso pueden hablar en contra del gobierno. ¿Por qué los Padres Fundadores habrán incluido este derecho en la Carta de Derechos? ¿Por qué es importante? ¿Cómo sería Estados Unidos si este derecho no estuviera protegido? Escribe un párrafo para contestar estas preguntas.